**Omer Afé Ababa**

# Un peuple aux idées baroques

Omer Afé Ababa

# Un peuple aux idées baroques

## Le peuple du riz et du lait

Éditions Muse

**Imprint**



Cover image: www.ingimage.com

Publisher:
Éditions Muse
is a trademark of
Dodo Books Indian Ocean Ltd., member of the OmniScriptum S.R.L Publishing group
str. A.Russo 15, of. 61, Chisinau-2068, Republic of Moldova Europe
Printed at: see last page
**ISBN: 978-620-3-86504-2**

Nom de l’auteur : OMER AFE BONHEUR

Numéro whatsapp: +235 66 78 55 58

Email: omerbonheur97@gmail.com

Nombre de page: 52 pages

Genre littéraire : Théâtre

# « Un peuple aux idées baroques »

Résumé

Dans une localité où vivent les agriculteurs et les éleveurs, s'est manifesté un drôle d'idée ayant pour but de vivre heureux en faisant le malheur des autres. Assoiffé de pouvoir et de conquête, un chef nommé BEN HALIL conduit sa communauté dans une chasse aux biens pour des intérêts personnels que ces derniers l'ignore. Mais celui-ci a vu ses objectifs se transformés en une arme contre lui par l'arrivé d'un jeune homme nommé ALBERT venu de l'étranger pour s'installer dans son village natal. Grâce à la bravoure, la détermination ainsi que le sacrifice de ce jeune homme, les deux communautés ont échappé à la guerre bien que certains y ont laissé leurs cadavres.

# Personnages

ALBERT

BASILE

AURELIE

MERE TENE

SIMMEL

LE COMMISSAIRE

LE GARDE DE PORTAIL

LE GARDE DU COMMISSAIRE

HALIL

BEN HALIL

KAZAR

## PREMIER TABLEAU

### SCENE 1

Au couchée du soleil, dans la forêt dense de BALIDA nommée ATANGA envahit par des acacias de différente variété apparait dans la clairière la silhouette d'un jeune homme géant de taille et robuste qui empruntait le sentier le plus long qui mène au village BALIDA dit village des sages.

Marchant de sentier à un autre et transpirant tout le long du trajet, Albert se réfugia sous un grand acacia se trouvant à la sortie de la forêt sur lequel vit une multitude d'oiseaux noirs. Une fois satisfait de son repos, Albert se remît à nouveau à entreprendre son voyage, arrivé à un niveau du sentier il aperçoit deux paysans chargés de paille dans un chariot conduit par deux bœufs KOURI bien nourries, il leur fit un signe par un geste de main et aussitôt ces derniers s'arrêtèrent.

ALBERT

Bonsoir mes chers frères comment allez-vous ?

(Ces derniers répondent)

Nous allons bien cher étranger, que nous vaut l'honneur de cette salutation ?

ALBERT

Je suis originaire du village BALIDA, j'ai passé ces dix derniers années dans un pays étranger et c'est en vous apercevant que j'ai levé la main. Pourriez-vous chers frères me déposé à ma destination ?

LES PAYSANS

Pourquoi pas ? Volontiers frère, nous partons à GOLA le village situé à deux kilomètres après le village BALIDA. Montez cher frère, nous vous y conduirons avec plaisir.

Au cours de la route chemin faisant, Albert entame une discussion avec l'un des paysans du nom de BASILE.

ALBERT

Cette cité a changé, elle n'est plus comme auparavant. En sentant cet atmosphère, je crois qu'il y'a eu beaucoup de changements.

BASILE

Elle a changé certes, mais nous n'avons non plus évolués d'un seul pas.

ALBERT

J'affirme ton avis cher frère, par rapport aux autres cités où j'y étais, nous ne faisons pas trop de poids je te l'assure. Ils nous dépassent en tout.

BASILE

J'aurais bien aimé moi aussi voyager dans certains coins du monde ou plus encore y étudier.

ALBERT

Tu aurais bien pu y aller, mais le moindre que je puisse te dire est que le dehors n'est pas facile.

BASILE

Le dehors n'est pas facile pour quelles raisons ?

ALBERT

Oui, le dehors n'est pas facile, et je peux t'expliquer : imagine toi dans un endroit où tu n'as aucune idée de la culture, suppose toi seul dans une chambre entrain de penser aux bons moments de ton village, tu auras tout de suite l'impression d'entendre chaque jour dans tes oreilles les bruits de ton entourage, les rires et les moqueries de tes amis, pire encore sentir l'odeur venant de la marmite de ta chère et tendre mère.

BASILE

Tu as raison mon frère, tes paroles me retirent l'envie d'y penser, plus jamais d'ailleurs.

ALBERT

Crois-moi, on est à l'aise que chez soi-même.

BASILE

Ah! Sacré expérience ! Je suis tout entièrement d'avis avec toi parce que le moins que l'on puisse dire est qu'on n'est libre de ses mouvements seulement dans sa cité.

ALBERT

Exactement, dans une cité qui n'est pas la tienne, tes mouvements sont limités sauf si tu es une star, mais crois-moi la souffrance est un véritable maitre.

BASILE

Affirmatif ! Seule la souffrance peut nous faire répéter le mot vie en vain et personne ne pourra dire le contraire.

ALBERT

Ah ! Sacré inspiration ! Parle-moi donc un peu de toi, juste un résumé direct de ce que tu fais et de ce que tu es.

BASILE

J'ai aussi été à l'université. Il y a très peu longtemps, mais plus maintenant.

ALBERT

Ah Bon ! Qu'est ce qui n'a donc pas marcher ?

BASILE

Oui, il y a de cela cinq longues années que j'ai dû tout abandonner, pas par lâcheté, mais plutôt pour des raisons personnelles.

ALBERT

Je suis désolé pour toi et je partage ta peine. Quelles sont donc ces raisons personnelles ?

BASILE

Je t'explique : Tout a commencé lors de ma deuxième année à l'université, mon père fut frappé d'une terrible maladie très étrange que l'on avait du mal à expliquer les symptômes et il mourra quelques jours après. J'étais l'ainé de la famille, mon père a laissé derrière lui trois femmes et vingt un enfants dont cinq garçons et seize filles, vu la situation dans laquelle ma famille était coincée, moi et mes frères dûmes tout abandonner pour travailler comme des manœuvres subvenant ainsi aux besoins de la famille.

ALBERT

Encore une fois désolé mon frère, Je suis convaincu sur une chose, si seulement tu avais eu la chance de continuer tes études, tu allais bien t'en tirer.

BASILE

Je t'en prie ne le soit pas, une cité comme la nôtre dans lequel le rêve est interdit, en être sûr que les études serviront à quelque chose j'en doute fort, peut-être un jour mais pas de nos jours.

ALBERT

Tu sais lire et écrire n'est ce pas c'est grâce aux études ?

BASILE

Sans doute, c'est grâce aux études, mais je n'ai pas de quoi lire ni sur quoi écrire.

ALBERT

Tu as certainement raison que le rêve est interdit, mais à quoi cela est dû ?

BASILE

Je n'en ai aucune idée, à moins que tu t'explique toi-même. Quant-à-moi, je reconnais que la vie m'a mis à genoux et je n'ai pas pu me relever.

ALBERT

C'est simple à comprendre cher frère, Le règne est entre des mauvaises mains. Crois-moi, le pouvoir est détenu par des individus qui ne pensent qu'à leur aise et négligent constamment l'avenir de cette cité. Pour eux, diriger c'est se satisfaire avant toutes choses.

BASILE

J'aimerais bien te croire mon frère, mais j'ai déjà eu l'impression que cette cité est maudite depuis très longtemps.

ALBERT

Ne dis pas des sottises. Je dis, seul nous et je le répète seul nous qui sommes à l'origine de nos malheurs, et à chaque fois que le pouvoir change de mains le nouveau élu en fait de même.

BASILE

Sur ces propos, je suis totalement d'avis, et si j'insiste à dire que notre cité est maudite, tu dois également me croire parce qu'il est incompréhensible de constater qu'à chaque fois que le pouvoir change de mains, le nouveau élu en fait de même. C'est bel bien une malédiction qui ne vient de nulle part, mais de nos ancêtres.

ALBERT

(Ricanant)

Sans blague ! Crois-moi, si le pouvoir était entre des bonnes mains, nous planerions sans doute.

BASILE

Dis donc, quand est-ce-que arrivera ce changement ? Par ce que j'en ai marre, très mal de constater que dans une cité comme la nôtre où siège des hommes de haut rang, aucune activité ne marche sans avoir des difficultés.

ALBERT

Tu viens de dire que rien n'avance, Selon toi, comment veux-tu que ça avance tant que nous nous laissons faire tranquillement en observant comme des simples spectateurs la manière dont-ils nous gouvernent ? J'aimerais bien entreprendre toute une semaine avec toi, mais je crois que je suis presque arrivé à ma destination, Je descends juste au pied de l'arbre que nous avons en vue.

BASILE

D'accord cher frère, nos villages sont proches l'un de l'autre et si plait au ciel, nous aurons certainement un jour pour en reparler.

Albert descend et les remercie.

ALBERT

C'est un immense plaisir d'avoir fait votre connaissance mes frères, et merci de plus pour votre aide.

BASILE

Je t'en prie cher frère, nous en sommes ravis également, en ta compagnie le chemin nous est parût moins long. Le plaisir est partagé.

SCENE 2

Après avoir quitter la compagnie de ces derniers, Albert se dirigea près d'un puits situé au bord de la route qu'il empruntait pour s'y rendre à son domicile familial, puis tout d'un coup, il entendit une jeune fille qui l'appela et lui courût après. À peine sur le point de se tourner, il vit à sa grande surprise sa cadette Aurélie qui, très contente de l'arrivé de son frère sauta avec une forte allure dans ses bras et les deux se serrèrent très fort et enchaînèrent ensemble le chemin de la maison. Après cinq minutes de marche, les deux arrivèrent en fin au domicile familial, dans une cour entourée de manguiers qui donnaient à la vue un paysage paisible. On aperçu aussitôt au fond d'une case une vieille femme debout tenant à sa main droite un bâton qui venait à leur rencontre. C'est Mère Téné qui, en apercevant son fils Albert fût ému d'une forte émotion n'arrivant à peine à avancer.

ALBERT

(Criant d'une voix forte)

Mère, c'est moi Albert ton fils !

Mère Téné

(Très surprise)

Mon fils, mon garçon c'est bien toi ? Oh ! Merci sainte vierge.

ALBERT

(S'approchant peu à peu)

Oui mère, c'est bien moi, je suis de retour parmi les miennes.

Mère Téné

(Elle Tombe dans les bras de son fils)

Que le ciel soit glorifié !

ALBERT

(Il la serre dans ses bras)

Je suis très content de vous revoir mère, ça été difficile pour moi de rester très loin de vous.

Mère Téné

Tu nous as tellement manqué, sois le bienvenu.

ALBERT

Merci mère, je resterai désormais parmi vous sur la terre de mes ancêtres.

Mère Téné

Bien dit mon fils, tu es chez toi et ici est ta maison.

ALBERT

Merci encore pour l'accueil cher mère. Apparemment la cour est déserte, où sont passés mes oncles et cousins ? Sont-ils au champ ? Je n'ai aperçu personne en arrivant.

Mère Téné

C'est vrai, il n y a personne dans cette cour depuis quelque temps.

ALBERT

Depuis quelque temps tu dis ? Où sont-ils passés au juste ? Normalement à cette heure je devrais tomber sur une bande de gaillards autour d'une table entrain de chanter et rire comme cinq années en arrière.

Mère Téné

Oui, mais tu dois d'abord te reposé. Tu as trop voyagé.

ALBERT

Cette histoire n'est pas claire. Et mon père, où est-il ? Lui peut-être sera au cabaret entrain de faire la morale à ses confrères qui n'ont pas eu la chance de poser leurs fesses sur les bancs de l'école, tout le village le connais pour ça, mentir pour avoir une calebasse de vin.

Mère Téné

Non, il n'est pas au cabaret. Tu dois savoir que beaucoup de choses ce sont passées dernièrement dans ce village.

ALBERT

Soit un peu précis, je ne te comprends pas.

Mère Téné

En venant n'as-tu pas constaté que beaucoup d'abris étaient vides ?

ALBERT

Bien sûr, seront-ils dans leurs champs je pensais.

Mère Téné

Non, ils ne sont pas dans leurs champs, les champs n'existent plus dans ce village, tout a été brulés et la plupart des villageois se sont réfugiés.

ALBERT

Les champs sont brulés par qui ? Pour quelle raison ? N'y a-t-il pas des bonnes terres cultivables dans ce village ? Ne pleut-il pas suffisamment ici ?

Mère Téné

Pour aucune de ces raisons.

ALBERT

Mais de quoi s'agit-il au juste ?

Mère Téné

(Triste et baissant la tète)

On s'est fait attaquer.

ALBERT

Une attaque ? Si c'était une attaque, j'aurais été au courant. Es-tu entrain de me faire une blague ?

Mère Téné

Non, on s'est fait réellement attaquer, mais pas par des rebelles.

ALBERT

Alors par lesquels ?

Mère Téné

Mon fils, imagine une seconde nous qui étions autrefois frères et sœurs agriculteurs et éleveurs se faisons de nos jours la guerre sans cesse.

ALBERT

Ce n'est pas vrai, ça n'a aucun sens, nous sommes des cultivateurs nous vivons grâce à nos terres, aurions-nous un point de mésentente avec des nomades ?

Mère Téné

Très bonne question, au début, on ne s'est jamais poser cette question, mais un jour après le marché, tout s'est passé si vite entre l'un des nôtres et l'un de leur lors d'une dispute à cause d'un taureau qui, par maladresse avait dévasté le champ le plus productif et rentable d'un cultivateur reconnu de ce village.

ALBERT

Et c'était tout ? Les deux se sont séparés ?

Mère Téné

Les deux sont morts, ils se sont échangés des coups de couteaux.

ALBERT

(Attristé)

Ce n'est pas vrai ! Tu ne peux pas me dire que ces deux ont perdu la vie rien qu'à cause d'un taureau qui n'agit que par instinct. Et La police dans tout ça, qu'a-t-elle fait comme intervention ce jour? Et comment la suite s'est terminée ?

Mère Téné

(Baissant la tête)

Oui, rien qu'à cause d'un taureau maladroit et la police malheureusement n'a rien fait de rassurant et à l'heure où je te parle, tous les deux camps sont en débandades.

ALBERT

Police de merde !

Mère Téné

C'est la raison pour laquelle tes oncles et cousins sont absents.

ALBERT

Ont-ils été arrêtés ?

Mère Téné

Non, ils sont partis à la frontière du village pour y veiller jours et nuits car on ne sait pas quand ils recommenceront.

ALBERT

Lesquels encore ?

Mère Téné

Les éleveurs bien sûr.

ALBERT

Cette guerre n'a aucun sens, nous devons mettre terme à cela.

Mère Téné

Mon fils écoute-moi attentivement, personne n'a souhaité la guerre, elle est arrivée par ce qu'elle doit arrivée tôt ou tard, tu es mon seul et unique fils je ne prendrai pas le risque de te perdre de vue pour la seconde fois. Donc, ne t'introduis pas dans cette guerre et reste en dehors de tous, s'il y a des personnes sensées à se mêler dans cette guerre, c'est bien nous qui avons assistés à l'événement et non toi qui vient de débarquer comme un aventurier.

ALBERT

(Se levant de son siège)

Mais comment Mère ? Comment rester les bras croisés pendant que mon peuple s'entretue ?

Mère Téné

Je ne saurais répondre, mais comment penses-tu t'y prendre ?

ALBERT

Tu aurais dû commencer par cette question.

Mère Téné

Je m'excuse, mais permet moi d'en douter.

ALBERT

Avant de commencer, j'aimerais savoir s'il nous reste encore des jeunes, je sais comment ça se fait, j'ai vu beaucoup de peuple s'entretuer.

Mère Téné

En ma connaissance je crois que non.

ALBERT

(Expirant profondément)

Ça allait être plus facile s'il y avait un seul jeune garçon.

Mère Téné

Je crois avoir trouvée.

ALBERT

Qui donc ?

Mère Téné

Le benjamin des enfants du chef.

ALBERT

Comment s'appelle t-il ? Il n'est pas allé à la frontière ?

Mère Téné

Je ne me souviens plus de son nom, mais il porte le nom de son grand-père, le défunt chef.

ALBERT

Alors, il s'appelle SIMMEL comme l'ancien chef ?

Mère Téné

Bien deviné, il s'appelle SIMMEL.

ALBERT

On n'a pas assez de temps à perdre, j'irai le voir demain au levé du soleil.

Mère Téné

Pour qu'il t'aide en quoi faisant ?

ALBERT

Il faut d'abord que j'y arrive à le convaincre et le reste je t'en reparlerai.

Mère Téné

D'accord, quoi que tu planifies je te soutiendrai.

ALBERT

(Souriant)

Je suis fier de toi mère, malgré ta vieillesse tu ne cesse de te battre pour nous.

Mère Téné

Je t'en prie mon fils, je ne fais que mon devoir de mère, cette guerre est la pire des choses qui me sont arrivées et sache que s'interposer entre deux camps ennemis n'est pas chose facile, fais donc très attention là où tu mettras tes pieds.

ALBERT

Certes, ce n'est pas un simple problème à régler, mais le désarroi dans lequel nous vivons est non plus facile à oublier. Moi qui m'attendais à un accueil joyeux et chaleureux me voici entrain de couler des larmes juste à mon arrivé et pourquoi? A cause d'un malentendu entre le peuple du riz et du lait qui ne pourront vivre seulement qu'au dépend de l'autre.

Mère Téné

(Se levant direction sa case)

Prends tout le temps pour y réfléchir, quant-à-moi, je dirai que seul le ciel est juge des hommes.

ALBERT

Je te comprends parfaitement mère, mon plan ne s'agira pas de porter un jugement, mais plutôt d'empêcher la séparation entre deux peuples qui sont censés s'unir et non se haïr.

Mère Téné

Ça y est j'ai compris. Mon vieux corps est très fatigué je m'en vais me reposé, la journée a été longue pour moi.

ALBERT

C'est normal que tu sois fatiguée, tu as passé toute la soirée assise sur un tabouret, il est temps de se coucher. Quant-à-moi, je n'oserai pas fermer l'œil dans la nuit raison de ne pas cauchemarder. Bonne nuit mère.

SCENE 2

A l'aube d'une nouvelle journée, les rayons solaires apparurent très tôt, le village est calme, un vent doux et humide souffle dans chaque cour et on aperçoit aux cimes des arbres un aspect solaire frappant et éclaircissant donnant au village un paysage paisible. On entend aussitôt dans tout le village les coqs qui se mettaient à chanter les uns après les autres. Par la suite, des femmes et filles qui se précipitent au bord du puits et celles qui pillent le mil devant leurs cases.

Albert sort de sa case puis s'étire vivement signe de la fatigue endurée lors de son voyage. Aurélie de retour du puits, dépose sa cruche faite en argile et prend un siège qu'elle pose près d'Albert et ce dernier s'y assoit.

ALBERT

Bonjour Aurélie, tu es de retour ?

AURELIE

Oui, bonjour grand frère je suis de retour, tu as besoin d'un peu d'eau à boire ?

ALBERT

Non merci, je ne suis pas habitué à boire tôt le matin.

AURELIE

D'accord, un peu d'eau pour la douche est peut-être nécessaire n'est-ce pas ?

ALBERT

Non merci, il fait froid.

AURELIE

Ok, laisse-moi donc te préparer un déjeuner, ou bien c'est déjà bon ?

ALBERT

(Riant)

Sois sérieuse, il s'agit de manger, ce n'est pas du tout pareil, j'en ai vraiment besoin.

AURELIE

Oh non ! Il ne manquait qu'un seul non de ta part pour que je sois débarrassée des tâches ménagères.

Aurélie entre à la cuisine et Mère Téné fait aussitôt sa sortie de sa case avec à la main une calebasse remplie d'eau. Une fois sa besogne finie, elle vient par la suite vers Albert qui se trouve devant sa case à l'entrée de la cour.

Mère Téné

Bonjour fils comment vas-tu ? Je te croyais déjà partis, ou bien tu as changé d'avis ? Si c'est le cas, je suis contente parce qu'on parlera d'autres choses comme les pays étrangers par exemple.

ALBERT

Bonjour maman, je vais bien, je suis encore là j'ai failli partir sans avaler de quoi à manger.

Mère Téné

Ah bon ! Aurélie capricieuse qu'elle est te fera sans doute patienter jusqu'à un quart d'heure.

ALBERT

Je ne savais pas que ça allait prendre si trop de temps sinon je serais parti.

Mère Téné

Pareilles sont les filles de nos jours, prépare-toi à prendre une dose de sel.

ALBERT

Sérieux ? Fallait pas me prévenir, je n'aurais presque plus l'appétit, d'ailleurs je m'en vais, une sauce salée me donne de l'indigestion depuis très longtemps et je ne sais pas pourquoi.

Mère Téné

(Riant)

Je blaguais, ta sœur est la meilleure cuisinière qui n'a jamais existée dans ce village après moi.

ALBERT

(Riant)

Je le savais, en aucun cas tu n'accepteras qu'une personne te soit supérieure en art culinaire.

Mère Téné

J'avoue que tu ne m'as pas oublié c'est bien moi. Au fait, c'est une technique que j'ai inventée pour l'encourager à demeurer toujours une excellente cuisinière. Mon fils, prends garde à dire à tes filles dans l'avenir qu'elles cuisinent bien.

ALBERT

Pourquoi prendre garde si elles le sont réellement ?

Mère Téné

La réponse est très simple, elles ne fourniront plus assez d'efforts dans leur cuisine puisse-que leur cher père apprécies d'autant plus. Cela ne veut dire en aucun cas ridiculiser leur plat, mais trouve-toi toujours des prétextes comme : la sauce manque de sel, la sauce est salée et autres.

ALBERT

Je ne te croyais pas si douée mère, dans tout les cas j'ai bien compris et je serais un père attentif et exemplaire pour mes enfants.

Mère Téné

En parlant de cela, songe aussi à épouser une jeune fille qui me fera des petits enfants, ou préfère-tu me voir mourir sans avoir vu mes petits enfants ?

ALBERT

Non, il ne s'agit pas de te priver de tes petits enfants, mais auras-tu le courage de voir tes petits enfants grandir dans la haine que traverse notre actuellement notre village ?

Mère Téné

Non, Tu as raison mon fils, au moment où nous sommes qui voudra bien voir grandir ses enfants dans la haine et la guerre ?

ALBERT

Personne ! C'est inadmissible, ma descendance ne subira pas cette souffrance.

Mère Téné

Je suis complètement d'avis avec toi et pour cela tu dois agir le plutôt possible car on ne sait pas si certains ont veillés uniquement à planifier des idées sombres tandis que nous, nous sommes encore assis à en parler.

ALBERT

Je ne sais pas ce que je fais encore assis, je dois partir, le déjeuner peut attendre.

Albert se lève et prend par la suite la direction qui mène chez le chef du village.

SCENE 3

Arrivé dans la cour du chef, il se présente aux femmes du chef comme étant un fils de ce village et ces dernières lui donnent un siège sur lequel il s'assoit. Quelques minutes plus tard, on aperçoit un jeune homme avec une allure épaisse qui s'approche peu à peu de lui, Albert se lève aussitôt pour lui serrer la main.

ALBERT

Bonjour frère, comment allez-vous ?

SIMMEL

Ça va par la grâce du ciel et vous?

ALBERT

Ça peut aller. Je m'appelle Albert, je suis un fils de ce village.

SIMMEL

J'en doute, je connais presque la majorité des habitants de ce village et je ne t'ai jamais vu dans les parages, es-tu un espion ?

ALBERT

Un espion ne se présente pas. Non, je ne suis pas un espion.

SIMMEL

Qui êtes-vous donc ?

ALBERT

Je suis le fils ainé de KAGAMA SOUKAZIA.

SIMMEL

KAGAMA le terrible ?

ALBERT

Oui, je suis son fils ainé digne de ce village.

SIMMEL

Où étais-tu donc pendant toutes ces années ?

ALBERT

Ailleurs, très loin d'ici, dans un pays étranger entrain de lire et mémoriser des tas de papiers, je dis bien des tas de papiers qui datent des siècles espérant un jour être un intellectuel capable à ne plus croire aux paroles mensongères que nos dits supérieurs nous font part pendant que mon peuple est dans l'inhumanité.

SIMMEL

Tu n'y es pour rien et personne n'à tort dans ce conflit. Parfois je me demande si chaque clan ethnique devrait avoir sa nation propre à elle pour qu'il n y ai pas de mésentente ?

ALBERT

Je crois que non.

SIMMEL

Pourquoi donc ? Sommes-nous obligés de cohabiter ensemble ?

ALBERT

Non plus, la division n'est pas une solution et n'a jamais été une bonne solution aux hommes, chacun à besoin de l'autre pour mieux vivre et avoir le sourire. Nous ne sommes pas forcement obligés de vivre ensemble, mais il ne faut pas que la guerre soit la raison de notre séparation.

SIMMEL

C'est beau tout ce discours, mais l'humanité l'ignore, moi-même je l'ignore parce que je suis assoiffé de pouvoir, je veux dominer et être craint.

ALBERT

Ne sois pas si incrédule, tu n'as aucune idée à quoi mène le pouvoir que l'on arrache par la force.

SIMMEL

Je m'en moque éperdument, à quoi penses-tu ? De quel coté appartiens-tu au juste ? Si notre village était puissant ou moins encore avait à sa tête un chef puissant, crois-tu qu'on allait avoir un ci grand problème ?

ALBERT

Je ne saurais jamais te répondre tant que tu n'oublies l'idée d'avoir raison, ne sais-tu donc pas que de telles idées réussissent en détruisant d'autres ? Nous ferions mieux de chercher à oublier le passé, d'enterrer la haine que nous avons les uns envers les autres et de mettre fin à cette guerre. Tu peux bien être assoiffé de pouvoir ou de conquête, mais cela n'arrange guère, tu peux toujours essayer sauf comment le faire te sera une difficulté parce que ça n'existe pas et son vrai nom c'est la guerre.

SIMMEL

Tu parles comme si c'est un simple problème, ne te rends-tu pas compte qu'il s'agit de nos champs brûlés et notre frère assassiné ?

ALBERT

Nous aussi en avons assassinés vrai ou faux ?

SIMMEL

Si, un seul on peut dire comme ça.

ALBERT

N'est ce pas suffisant ?

SIMMEL

Personne n'a pensée à cela.

ALBERT

Je ressens également la même douleur que chacun de nous, mais je m'efforce à ce que cela se termine.

SIMMEL

(Apaisé)

Voilà ! Tu reviens un peu à la normale, continue ainsi.

ALBERT

Bien évidemment, c'est pour tout rendre en ordre que je suis venu te voir.

SIMMEL

(Ricanant)

Qu'as-tu dis ? Rendre tout à sa place ? Mais pour qui te prends-tu pour réparer l'impossible, pour un dieu ?

ALBERT

(Sérieux)

Je me prends pour un fils conscient de ce village qui ne veut que le meilleur de ses semblables et tu m'as bien entendu, ce changement dont je parle je ne le ferai pas seul, tu me seras d'une aide utile.

SIMMEL

(Indigné)

J'ai l'impression d'avoir affaire à un gamin qui ne pense pas ce qu'il dit. Tu as bon cœur de vouloir le meilleur pour tes proches, mais je te rappelle que cela est impossible, réfléchis-y.

ALBERT

(Avec un ton calme)

Tu as tout à fait raison que je me préoccupe autant des autres, retiens aussi que d'une part je le fais également pour moi.

SIMMEL

(Moqueur)

Tu le fais d'une part pour toi tu dis ? Explique-moi ce que tu veux dire exactement.

ALBERT

Oui, je le fais d'une part pour moi et pour des raisons que tu ignores complètement parce que ton esprit est indisposé.

SIMMEL

(Nerveux)

Comment veux-tu à ce que je te comprenne sans une moindre explication ?

ALBERT

Ça ne sera pas facile, On doit persister.

SIMMEL

Vas-y, crache le morceau !

ALBERT

Premièrement, on se rendra au commissariat de police de notre région.

SIMMEL

Tu délires ou quoi ? N'est ce pas le même commissariat qui a refusé d'intervenir ?

ALBERT

(Rassuré)

Exactement, c'est ce que je voulais entendre, ce commissariat avait refusé d'intervenir et ce refus d'intervenir marquera un point intéressant à notre visite.

SIMMEL

C'est intéressant ce que tu dis, je te suis.

ALBERT

Par la suite, on aura affaire au commissaire de la police qui devra justifier son refus d'intervention lors de la scène de crime et également son silence sur ce conflit parce que dans la norme des choses, la police est censé maintenir l'ordre public et non observé les conflits ni agir quand ça plait au commissaire comme celui de notre région.

SIMMEL

Et s'il refuse de justifier quoi que ce soit, le forcerions-nous à le faire ?

ALBERT

Non, on ne forcera personne à faire quoi que ce soit, mais on aura juste à le menacer de passer au niveau supérieur s'il refuse.

SIMMEL

J'ai l'impression dans ma tête de voir notre plan se dérouler comme prévus. Alors, dis-moi comment pourrions-nous passer au niveau supérieur si le commissaire refuse de coopérer ? Allions-nous porter plainte ou quelque chose d'autre genre ?

ALBERT

Doucement mon petit, je te signal une chose, les commissaires sont toujours du genre très coriace et bien rusé, il nous jouera un tour si on lui parait très timide.

SIMMEL

Alors, que proposes-tu ? Sinon à mon avis, avant de partir on doit se faire le plaisir de prendre un peu de vin ou quelque chose qui nous rendra très direct et qui ôtera la peur en nous parce que tu viens toi-même de le dire qu'un commissaire est toujours coriace, donc on doit nous aussi paraitre coriaces.

ALBERT

Non, pas ça oublies l'alcool, c'est une mauvaise idée que tu es entrain de proposer, avec l'alcool on risquera de passer à coté de l'essentiel. Je paris qu'on doit juste être présentable et donner l'air des grandes personnalités.

SIMMEL

Des grandes personnalités ? Avec quoi allions-nous s'habiller deux villageois comme toi et moi pour avoir cet air ? Je paris aussi qu'en une fraction de seconde on se fera prendre pour des intrus et les barreaux nous consolerons.

ALBERT

Ah ! Oui, tu as raison je ferai mieux de penser à autre chose comme les médias par exemple, en un quart d'heure tout le monde sera au courant et l'affaire sera remis en vue puis les grandes autorités comme les procureurs et les juges qui n'étaient pas au courant de ce crime entreront dans la danse et la suite nous le verrons tous.

SIMMEL

Où veux-tu en venir ? En quoi les médias seront d'une aide utile pour nous à l'instant où nous sommes ? Et parlant des grandes autorités, pourquoi les mètrent au courant ?

ALBERT

Tu sais donc pas où je veux en venir ?

SIMMEL

Non, je n'en ai aucune idée, redescends un peu à mon niveau, je ne te comprends pas bien.

ALBERT

Même si je t'explique pendant deux jours, te connaissant à peine j'ai constaté que tu n'as pas l'air d'une personne de très compréhensif, Laissons cette discussion et cherchons plutôt un moyen de se rendre demain à l'évidence.

SIMMEL

Demain matin, ce n'est pas trop tôt ? Je propose le lendemain ça sera mieux pour moi parce que j'ai un champ de maïs à vérifier et deux champs de sésames à sarcler.

ALBERT

(Se levant de son siège)

Je croyais t'avoir fait comprendre que l'intérêt commun vient avant toutes choses, mais tu ne penses qu'à ton estomac. C'est décider nous irons demain à l'aube, soit debout tôt demain matin je déteste attendre très longtemps à moins que tu prévois me jouer un tour, mais je t'informe ça ne marchera pas avec moi, j'espère que c'est capté.

SIMMEL

(Hurlant après lui)

Heh ! Je n'ai pas droit à un avis moi ?

ALBERT

(Presqu'à la sortie)

Tu es le futur chef de ce village ; tu n'as pas le choix.

SIMMEL

(Content, et à lui-même)

Ah ! Il l'a dit, c'est sorti de sa bouche, je suis le futur chef de ce village, je n'ai pas le choix, mon peuple compte désormais sur moi.

SCENE 4

Ce fut une nouvelle journée, on entend ALBERT frappé à la porte de SIMMEL comme prévu et ce dernier sort de sa case.

SIMMEL

Bonjour ALBERT, ce n'est pas tard je pense ?

ALBERT

Je te connais à peine, mais je sens que tu es un vrai bavard.

SIMMEL

(Surpris)

Moi ? Disons que j'ai le cerveau enflammé, ça n'a rien d'un bavardage.

ALBERT

(Moqueur)

Oui, ce n'est pas du bavardage, c'est de la terreur.

SIMMEL

(Agacé)

C'est bon, tu peux arrêter de jouer avec les mots ? Je reconnais que je me suis pas donner aux études, mais vu l'instant elles n'auront servi à rien.

ALBERT

(Ricanant)

Rien tu dis ? Elles auront servi à jouer avec les mots par exemple.

SIMMEL

(Détendu)

C'est bon, tu as gagné, mais je te préviens je retournerais à l'école rien que pour te contredire quand le calme sera rétablit.

ALBERT

Je serai aussi ravi de retrouver un adversaire à ma taille. Es-tu prêt pour l'aventure ?

SIMMEL

Oui, on peut dire que je suis près sauf quelques imperfections à revoir. Assieds-toi et j'en profiterais pour m'habiller.

ALBERT

Nous n'avons pas assez de temps à perdre.

SIMMEL

D'accord, un peu d'eau à boire ça te dirait ?

ALBERT

Non, Laisse tomber et mettons nous en route.

SIMMEL

C'est d'accord allons-y, permet moi de te poser des questions en chemin.

ALBERT

Comme tu voudras, on y va.

SCENE 5

Les deux se sont mis en route pour se rendre au commissariat de police du département de BALIDA et chemin faisant, ils se mettent à discuter.

SIMMEL

Je disais donc, je n'arrêterais pas de te poser des questions, es-tu prêt à me répondre ?

ALBERT

A moins que cela ne nous retarde en aucun cas.

SIMMEL

C'est à toi de voir.

ALBERT

Ok, Je t'écoute.

SIMMEL

Bien entendu. Alors, qu'allons-nous raconter devant un commissaire entouré des soldats armés jusqu'aux dents ? Quant-à-moi une fois là-bas, je me ferai le plaisir d'attendre dehors.

ALBERT

Ça jamais ! Si ta présence consiste à m'attendre devant le portail, à quoi vaut m'accompagner ? On entrera ensemble comme des vrais hommes et s'il le faut, on se fera enfermer ensemble.

SIMMEL

Je te rappelle que tu m'avais obligé à t'accompagner, sinon à la minute où l'on se dispute, je serais dans mon champ entrain de sarcler et non à me disputer. Pire encore entendre dans mes oreilles que je me ferai enfermer s'il le faut. Je te préviens, je suis le dernier fils de la chefferie, je n'ai pas le droit de disparaitre vu que mon père et mes frères ne sont pas encore de retour, et si dans le besoin, je dois automatiquement succéder au trône car ça me revient de droit. N'est-ce-pas toi qui disais que je n'avais pas le choix ?

ALBERT

Je sais futur chef, et c'est la raison pour laquelle tu dois m'accompagner dans tout ce qui concerne le village pour me servir d'aide-mémoire.

SIMMEL

Je ne te comprends pas, tu parles de quel aide mémoire ? Et c'est quoi un aide-mémoire ?

ALBERT

(Moqueur)

Ah ! Tu parlais hier de songer à retourner à l'école et ce n'est pas faux, faut y retourner.

SIMMEL

On n'en est pas arrivée là-bas.

ALBERT

Sérieux, tu es en manque de trop, je tenterais de t'expliquer d'une manière moins compliquée au risque que tu ne m'abandonne en chemin.

SIMMEL

Ce n'est pas vrai ! Tu lis même dans les pensées ? Je t'assure que j'étais sur les nerfs et il ne manquait que je renonce.

ALBERT

Je disais : les événements se sont déroulés en mon absence et pour me rassurer que les faits sont vrais pour convaincre le commissaire, il est important que tu viennes avec moi pour témoigner.

SIMMEL

(Moqueur)

C'est donc le témoignage que tu qualifies d'aide-mémoire ? Tu aurais dû simplement me dire de te servir de témoin.

ALBERT

Affirmatif ! Et il faut que nos paroles soient honnêtes et précis. Nous y sommes presque, je crois qu'on aura affaire à ces deux gardes pointés au portail, ne sois pas timide ok ?

SIMMEL

(Effrayé)

J'ai le cœur qui bat, c'est ma toute première fois de venir ici et que ça soit ma dernière fois, j'ai horreur de la tenu de ces gardes.

ALBERT

Détends-toi, tu risques de t'effrayer toi-même. Ils n'ont pas l'air offensif à ce que je vois.

Arrivés au portail du commissariat, deux gardes se dressent devant eux et l'un des gardes braque son arme sur les deux visiteurs.

LE GARDE

He ! Doucement ! Où comptez-vous aller de ci tôt ?

(Les deux les mains en l'air)

ALBERT

Ho! Ho! On se calme d'abord ok?

LE GARDE

(Dépose sont arme)

Ok, mais soyez direct, je vous écoute.

(Les deux baissent les mains)

ALBERT

Nous sommes venus rencontrés le commissaire de ce commissariat, pourriez-nous y conduire ?

LE GARDE

(Ricanant)

Qui êtes-vous pour venir les mains vides et mal habillés déranger mon commissaire ? Vous a-t-il donné rendez-vous ?

SIMMEL

(Au garde)

Les mains vides ce n'est pas faux, mais mal habillés c'est très mal élevé.

ALBERT

(À simmel)

Ne te fâche pas si vite, je contrôle la situation.

ALBERT

(Au garde)

Je suis un client fidèle au commissaire et ma visite porte sur des affaires très importantes aux yeux du commissaire, il n'appréciera pas s'il entend que vous vous mêlez de ses affaires.

LE GARDE

Ok, je te laisse entrer, mais le petit restera avec moi et ne bougera pas jusqu'à ton retour.

ALBERT

Je croyais vous avoir fait comprendre qu'il s'agit des affaires de votre commissaire.

LE GARDE

(Vexé)

C'est bon, vous pouvez disposez !

Les deux visiteurs entrent à l'intérieur en marchant vivement.

SIMMEL

Sacrée ruse ! Tu as assuré sinon on était à deux doigts de se faire avoir par un simple garde. Où as-tu appris cette ruse ?

ALBERT

Cela n'a rien d'une ruse plutôt le contraire.

SIMMEL

Nous voici près du bureau à ce que je vois, c'est écris bureau du commissaire. J'espère que ta ruse nous servira encore face au commissaire.

ALBERT

C'est ce qu'on va voir à l'instant.

## DEUXIEME TABLEAU

### SCENE 1

Dans le bureau du commissaire, les deux prennent places chacun sur une chaise faisant face à la chaise du commissaire et derrière eux à la sortie se pointe un garde armé. Le garde fait un signe au commissaire qui, de dos regarde à travers la fenêtre du bureau la cour du commissariat.

LE GARDE

Patron vous avez de la visite.

LE COMMISSAIRE

(Se retournant de face)

De la visite ?

LE GARDE

Oui patron, deux jeunes messieurs souhaitent vous voir et je les ai fait entrer.

LE COMMISSAIRE

(Furieux)

Toi qui ? Tu donnes déjà des ordres ici dans mon bureau ?

LE GARDE

Désolé patron, je vais les raccompagnés à la porte.

LE COMMISSAIRE

Pourquoi les raccompagnés ? C'est toi qui décides à présent ?

LE GARDE

Non mon commissaire, je suis désolé, cela ne se reproduiras plus.

LE COMMISSAIRE

(Il se dirige vers sa chaise et s'assoit)

Que me vaut l'honneur de cette visite chers messieurs ?

ALBERT

Veuillez nous excuser de débarquer à l'improviste monsieur le commissaire.

LE COMMISSAIRE

(Faisant la sourde oreille)

Ce n'est rien de grave puisse-que vous vous êtes déjà installés.

ALBERT

Merci pour votre compréhension. Au faite, nous voulons nous entretenir avec vous sur un problème très sérieux qui nous prendra un peu de temps si vous voulez bien accepter.

LE COMMISSAIRE

(Attentif)

Quel genre de problème ? Si ça n'a aucun rapport avec ce que j'attendais depuis longtemps, je ne verrai pas l'utilité de votre présence dans mon bureau. Commencez cher monsieur par me dire le nom de la personne qui vous a envoyé.

ALBERT

Monsieur le commissaire je ne vous comprends pas et personne ne nous a envoyé pour quoi que ce soit. Nous sommes venus pour l'affaire du village BALIDA dans lequel il y avait eu un conflit sanglante causant ainsi de nombreuses victimes.

LE COMMISSAIRE

(Nerveux)

Il faut toujours qu'on vous parle en langue avant que vous compreniez ? J'avais déjà dis à votre chef de village qu'il n'a qu'à aller se faire voir ailleurs, je ne répondrai à aucun de vos appels et aucune troupe policière n'interviendra, que cela soit claire. J'ai beaucoup de choses à faire que de m'engager dans des affaires qui risquent de me coûter mon poste.

ALBERT

J'en étais sûr que cette visite prendra des mauvaises tournures, mais pas jusqu'au point de constater que dans ce bureau se trouve un lâche, je le répète encore un lâche qui, par sa faute et son incapacité beaucoup de foyer ont perdus leur stabilité et même le sourire qui était leur seul espoir. Retenez bien ce que j'ai à vous dire monsieur le commissaire, je me moque totalement du risque que vous couriez si vous vous lanciez dans cette affaire, mais croyez-moi monsieur le commissaire que nous, nous en avons déjà assez perdu, il ne nous reste pas grand-chose dans ce village et on ne perdra rien à se donner la mort pour que justice soit faite. Donc, je vous ordonne pas en tant que villageois, mais victime de revoir cette affaire au cas contraire, personne ne sortira vivant de ce bureau.

LE COMMISSAIRE

Monsieur veuillez reprendre votre calme, il ne s'agit pas de se fâcher ni encore de s'entretuer dans mon bureau. N'est-ce pas votre visite consiste à me demander de l'aide ?

ALBERT

(Haussant le ton)

Non, notre visite n'a rien d'une demande d'aide monsieur le commissaire, permettez moi de vous rappelez que cette aide on vous l'a déjà demandée une fois, mais vous l'avez considérer comme un simple problème et ce problème vient de recommencer et c'est désormais un cauchemar pour ce commissariat.

LE COMMISSAIRE

(Vexé)

Ignorez-vous que cet endroit s'appelle le commissariat ? Et la personne à qui vous vous adressez sur ce ton s'appelle le commissaire ? Ne savez-vous pas qu'avec un seul claquement de doigt je pourrai vous faire enfermer ?

ALBERT

Monsieur le commissaire, tout ce que vous dites, je l'ai déjà estimé et je vous offrirai ma tête sur un plateau si vous croyez que cela est faisable. J'ai toujours l'impression que vous n'avez aucune idée de ce que peut faire un individu qui n'a rien à perdre contrairement à un noble commissaire que vous êtes.

LE COMMISSAIRE

(Agacé)

Si vous voulez que je sois convaincu de l'innocence de votre village, laissé moi le temps d'y réfléchir et épargner moi également de vos menaces.

ALBERT

Sur ce point, je suis d'accord et je vous accorde tout le temps possible d'y réfléchir, mais rassurez vous sur ce que je vous ai dis monsieur le commissaire, il n'ya pas un seul plaisantin à BALIDA.

LE COMMISSAIRE

(Furieux)

BALIDA ! BALIDA ! Je n'ai rien à perdre à BALIDA, sinon à votre avis qui sont-ils ces éleveurs ?

ALBERT

Ils furent autrefois nos frères et sœurs, mais plus maintenant et c'est ce qui me gène. Je donnerai ma vie s'il le faut à ce que nous soyons réunis.

LE COMMISSAIRE

Votre vie vous dites? N'est-elle pas importante pour vous jusqu'au point de la sacrifier pour le bonheur d'autrui ? Si vous voulez mon avis, je crois que vous êtes sanglé, oui vous êtes sanglé car un homme normal ne laissera pas sortir de sa bouche de telle parole jeune homme. Je vous prie de bien vouloir rentrer et quand vous aurez un bon état, vous pouvez revenir parce que deux esprits de nature opposée n'arrivent jamais à une fin cohérente.

ALBERT

Revoyez vous-même votre coté obscur monsieur le commissaire, vous n'avez pas de cœur, tout ce qui vous intéresse est votre estomac, contrairement à nous d'autres qui avons grandis dans la boue et baignés dans le marigot, nous avons un faible pour nos semblables, nous nous aimons comme un seul corps et nous nous soutiendrons jusqu'à la fin de nos jours.

LE COMMISSAIRE

A vous entendre parler, le cœur solidaire qui autrefois bâtait en moi reprend son souffle, je ne suis moi non plus né de nature méchante comme j'en ai l'air aujourd'hui, ce sont les circonstances de la vie qui m'ont rendu cruel jusqu'au point de ne penser qu'à moi parce que dans ma fraicheur d'âge, j'ai été souvent ridiculisé de toutes les forces et si aujourd'hui je suis arrivé à cet stade, c'est grâce à ma persévérance et mon courage dans le travail.

ALBERT

De nature, je suis quelqu'un de très compatissant, mais là n'est pas le moment, je vous prie de bien vouloir avancer là où nous en étions.

LE COMMISSAIRE

Je ne suis pas entrain de pleurnicher jeune homme ! Comme vous l'avez dit avançons. Que voulez-vous que je fasse au juste ?

ALBERT

Nous voulons que justice soit refaite. C'est-à-dire vous allez poursuivre les coupables de nos malheurs.

LE COMMISSAIRE

Comment voulez-vous que je m'y prenne pour intervenir sans que vos coupables ne me qualifient de complice ?

ALBERT

Vous voyez ? Si seulement vous vous êtes déplacé dans les lieux pour voir, vous n'aurez pas à me demandez qui sont les coupables.

LE COMMISSAIRE

Bien-sûr, j'avais envoyé une troupe de policiers sur les lieux.

ALBERT

Ils étaient sur les lieux, mais c'était déjà tard et n'ont pu rien faire.

LE COMMISSAIRE

(Nerveux)

Etes-vous entrain d'insinuer que mes hommes sont des incapables et ne savent pas faire leur travail? Tous ces policiers couchés sous la véranda que vous voyez ont eux aussi eu leurs diplômes avant de rejoindre la police, il n y a pas un seul délinquant dans mon commissariat.

ALBERT

Dans ce cas je dis oui, vos hommes sont des incapables et ne savent pas faire du bon travail. En général, vous n'êtes que des bons à rien.

LE COMMISSAIRE

(Furieux)

Assez pour aujourd'hui ! Sortez de mon bureau.

ALBERT

(Se levant et l'injuriant)

Ah ! Il ne manquait que vous nous mettiez au porte monsieur le commissaire cruel.

LE COMMISSAIRE

Garde ! Raccompagne ces deux abrutis à la porte et veilles à ce qu'ils ne remettent plus jamais les pieds ici, est ce que c'est compris ?

ALBERT

(À la porte)

On se reverra un jour monsieur le commissaire.

LE COMMISSARE

Oui, certainement le jour où on t'enverra derrière les barreaux, sale villageois.

Les deux visiteurs furent mis à la porte par le garde et le commissaire fait sortir de sa poche un téléphone puis il lance un appel.

LE COMMISSAIRE

Allô cher ami ! Tu n'as pas à t'inquiéter, ces villageois ne vous nuiront plus jamais.

## TROISIEME TABLEAU

### SCENE1

Après un dur affrontement, les éleveurs se réfugièrent dans une plaine déserte située à trente cinq kilomètres de BALIDA le temps que les choses redeviennent comme auparavant. Parmi ces derniers, certains s'opposent momentanément lorsqu'ils planifient des nouvelles attaques, c'est le cas de HALIL le fils de BEN HALIL le redoutable archer.

HALIL

Ce n'est pas du tout juste, ce n'est pas normal.

BEN HALIL

Qu'est ce qui n'est pas normal cher fils ?

HALIL

Père ! Ce que vous avez fait est anormal et c'est un acte horrible. Ce n'est pas du tout gentil de mettre le feu aux champs des villageois, qu'est ce qu'ils mangeront à votre avis ?

BEN HALIL

(Impératif)

Tu n'as pas l'âge de dicter ton autorité dans la cour des grands ! Tu n'as non plus le droit de donner des ordres à qui que ça soit ! Je suis ton père et le chef de la communauté que nous formions, personne n'a le droit de hausser le ton en ma présence !

HALIL

Pour tout le respect que je vous dois cher père, vous n'obtiendrez jamais ce que vous voulez si vous vous en prenez aux villageois avec la violence.

BEN HALIL

(Furieux)

Assez petit insolent ! Tu ne comprends donc rien de ce que je dis ? Figure-toi que si tu es devenu aujourd'hui un grand garçon, c'est grâce à moi et mes exploits. Tout ce que j'entreprends, je ne le fais pas pour moi, c'est pour t'assurer un avenir glorieux et somptueux que je me bât ainsi. Ensuite pour aboutir à mes objectifs, il me faut des terres, des bonnes terres rentables, et ces terres ne sont rien d'autres que les champs des villageois de BALIDA. Ces villageois ne sont pas une menace et ne seront jamais un obstacle pour moi parce que j'ai des amis hauts placés qui me servent d'appui sans relâche ni contrainte.

HALIL

Je te comprends cher père. Rassure-toi que tu as déjà tout fait pour moi et je suis fier du père que tu es, mais réquisitionner étant un simple citoyen les champs d'autrui pour assurer un bel avenir à ta descendance ne fera que leur créer des ennuis dans les jours à venir.

BEN HALIL

Crois-moi fils, c'est ton jeune âge qui t'empêche de réfléchir jusqu'au dessus de tes pensées et j'en suis sûr qu'un jour à l'autre, tu te venteras du père que je suis car tout le monde sera en ta faveur parce que j'aurais déjà tout mis en ta disposition.

HALIL

C'est héroïque de croire en soi que tout peux marcher comme on le veut, mais un tel acte ne fera que me causé des graves ennuis et je ne suis pas prêt de l'accepter.

BEN HALIL

Evidemment, tu n'es pas encore prêt et c'est la raison pour laquelle je suis entrain de te préparer à être fort et craint de toute la communauté pour imposer ta domination sur tous les territoires.

HALIL

(Nerveux)

Tu n'as rien d'un conscient pour pouvoir dominer autant de monde. Je ne te laisserai pas détruire ma vie et ni celles des autres. C'est ma parole contre la votre.

BEN HALIL

(Souriant)

C'est bien cette humeur que j'attendais de toi fiston, un jeune homme nerveux, c'est bien cela, continues de cette manière et ta pitié disparaitra un jour.

HALIL

C'est ce qu'on va voir ! C'est ce qu'on va voir père. Tout le monde retiendra que la cruauté est un escalier qui conduit à la porte de l'enfer.

Après une vive discussion avec son père, HALIL se lève et prend direction vers sa hutte. Quelques minutes plus tard, KAZAR son ami d'enfance le rejoint.

KAZAR

Je suis de même avis que toi cher frère. Le problème en est que nous sommes encore aux yeux de nos parents des jeunes garçons immatures qui ne savent pas ce qu'ils disent or c'est bien nous les seuls conscients de cette communauté.

HALIL

(Tête baissée)

C'est sans doute nous deux, mais que peuvent deux jeunes garçons face à l'avis de toute une communauté ?

KAZAR

(Silencieusement)

Tu te trompes, nous ne sommes pas que deux à s'y opposer. Disons que certains d'entre nous cachent bien leurs avis par crainte.

HALIL

(Levant la tête)

Tu es sûr de ce que tu dis ?

KAZAR

Oui j'en suis sûr. Beaucoup de personnes le disent en cachette par peur que cela arrive dans les oreilles de ton père.

HALIL

(Soupirant)

Je le savais. Nous ne sommes pas des meurtriers. Nous sommes plutôt dirigés par un meurtrier qui est bel et bien mon père.

KAZAR

Exactement, ton père le chef nous a fait mal agir quand nous étions à BALIDA. Tout aurait été facile si ton père n'était pas le chef de notre communauté, et j'ai même l'intuition qu'il aurait ordonné au défunt éleveur de conduire son troupeau dans le champ du riche agriculteur.

HALIL

Oui, c'est bien cela et il aurait aussi tout planifié ce qu'on vit actuellement. Je ne cesserais de me cacher derrière sa hutte pour entendre tout ce qu'il prévoit.

KAZAR

Fait le sans te faire prendre, au cas contraire, trouve-toi toujours une bonne excuse pour éviter les soupçons. Nous devons tout faire pour saccager ses plans et s'il le faut on ira jusqu'au frontière de BALIDA avertir aux villageois d'être vigilants.

HALIL

Tu as certainement raison cher frère, mon père est capable de tout, je dois faire attention à moi aussi si je prévois réellement m'opposer à lui.

KAZAR

Tu le connais mieux que moi, je ne peux rien t'apprendre sur ton père donc fait ce qui est en ton pouvoir de fils à papa à mieux l'espionner.

HALIL

J'ai bien compris cher frère, c'est nous contre sa volonté et connaissant mon père, il ne nous épargnera pas si notre plan fausse.

KAZAR

Ne me fais pas peur, sois vigilant et attentif c'est tout ce que je te demande. N'oublies pas que tu as laissé à BALIDA une belle créature que tu rêve d'épouser et si tu fausse tout, c'est-à-dire tu ne reverras plus AURELIE.

HALIL

Silence ! Ne prononces pas son nom dans des telles circonstances tu veux bien ? Quelqu'un peut bien nous entendre.

KAZAR

D'accord, plus jamais son nom.

## QUATRIEME TABLEAU

### SCENE 1

Ayant échangé des mots choquantes avec le commissaire et misent à la porte, ALBERT et SIMMEL reprennent le chemin du village. En route chemin faisant, les deux se mettent tout d'un coup à rire.

ALBERT

Je ne croyais pas à mes oreilles, dis-moi que ce n'était pas vraie la scène que j'avais produite au commissaire.

SIMMEL

Sans blague ! J'avais complètement eu la trouille à t'entendre hausser le ton devant le commissaire, mais disons qu'il s'est avéré être le plus con d'entre nous.

ALBERT

D'une part, on peut dire qu'il était con, mais tout à l'heure, j'avais l'air sérieux, je n'étais pas entrain de blaguer. J'étais prêt à tout, même à déclencher la bagarre dans son bureau.

SIMMEL

Dis-moi que tu blagues.

ALBERT

Non, c'est la triste vérité.

SIMMEL

Merde ! As-tu d'abord pensé à moi avant de te créer ces idées ? Donc c'est une chance si nous nous sommes en sortis ?

ALBERT

Evidemment que c'est une chance si nous sommes sortis sans des maux. Au lieu de me remercier, tu es là à te plaindre sans savoir que si seulement nous étions timides, on allait avoir des fouets, pas par le commissaire, mais par le simple garde qui, planté à la sortie du bureau comme un bonhomme de bois avec son visage crispé, n'attendait qu'un ordre puisque à part des ordres, il n'a pas le droit de tousser ni d'éternuer moins encore de bouger.

SIMMEL

Disons que tu avais véritablement le contrôle sur le commissaire et son bonhomme. Sinon je ne voyais pas ce qui les empêchait de nous enfermés.

ALBERT

Tu as vu la façon avec laquelle je parlais ?

SIMMEL

Bien évidemment.

ALBERT

Eh bien ! Il a su qu'il avait un intellectuel en face.

SIMMEL

Un intellectuel ? Je te rappelle qu'il nous a traités de villageois à plusieurs reprises et cela ne se dit pas à un intellectuel.

ALBERT

(Vexé)

Tu veux bien arrêter cette comédie ?

SIMMEL

Sans aucun problème si cela te dérange autant.

ALBERT

(Nerveux)

Tu le fais sciemment, ça ne m'aide pas du tout.

SIMMEL

Mais y'a quoi ? Tu changes d'humeur tout d'un coup comme si quelque chose ne va plus bien.

ALBERT

Non, tout va bien. J'étais juste entrain de penser à nos frères et parents qui sont toujours à la frontière et la raison pour laquelle ils ne sont pas encore rentrés.

SIMMEL

Je crois qu'ils ne tarderont pas à revenir, cela fait plus d'une semaine, leurs provisions finiront sans doute, ils auront absolument besoin de quoi manger et certainement ils seront obligés de rentrer.

ALBERT

Tu as peut-être raison, mais j'ai l'intuition que ce n'est pas le cas.

SIMMEL

Ne soit pas pessimiste je t'en prie, ils reviendront c'est sûr, ils ne vont pas nous abandonner quand même.

ALBERT

Je ne le suis pas, j'essaye juste d'être réaliste et de voir les choses à leur façon. Seront-ils très affectés par la mort du grand cultivateur au point d'envisager eux aussi d'attaquer les éleveurs? Je n'en sais rien, c'est pourquoi je réfléchis ainsi.

SIMMEL

Je te comprends, nous sommes presque arrivés au village. Après une bonne sieste, tu peux réfléchir comme tu veux, ça te va ?

ALBERT

Oui, ça pourra aller.

Les deux se séparent au carrefour du village et chacun prend la direction qui mène chez lui.

SCENE 2

ALBERT arrive à la maison et trouve sa mère couchée sous le manguier. Ce dernier prend un tabouret et s'assoit le temps que sa mère se réveille. Après un quart d'heure, Mère Téné se réveilla.

Mère Téné

Tu es déjà de retour ?

ALBERT

Oui, je suis de retour et très fatigué.

Mère Téné

C'est normal, va donc te reposer.

ALBERT

Pour en faire quoi ? Je vais juste rester assis le temps de reprendre mes forces.

Mère Téné

Tu ne veux toujours pas te reposer ?

ALBERT

Non, ça peut aller, ce n'est qu'une fatigue, c'est tout.

Mère Téné

D'accord, j'en profite aussi pour te questionner. Alors, comment s'est donc passé votre visite au commissariat ?

ALBERT

Pas très bonne. Le commissaire de ce commissariat mijotait quelque chose, je ne tarderai pas à le découvrir.

Mère Téné

Il n'est pas du tout bien, toute la contrée dit des mauvaises choses à son propos. Oublie ce qui s'est passé et passe à autre chose, il tombera un jour à l'autre, les injustes ne sont jamais satisfaits et cela précipitera sa chute certainement.

ALBERT

C'est ce que j'essaye de faire, mais je n'y arrive pas. Mon esprit est toujours à l'autre bout du monde.

Mère Téné

La vie est comme une pièce de monnaie, soit tu l'as garde ou tu l'as donne aux autres.

ALBERT

C'est bien cela, il faut savoir aussi à qui donner et pourquoi donner.

Mère Téné

Très bien mon fils, tu comprends vite. A ton avis, qui prendra le risque de donner sa monnaie, et qui aura l'audace de l'a gardé ? Je ne connais que la deuxième réponse, on l'a garde parce que chacun de nous l'a possède et il n'est pas question d'en faire un commerce.

ALBERT

Seul un héros peut le faire.

Mère Téné

Es-tu un héros ?

ALBERT

Je peux l'être.

Mère Téné

En quoi faisant ?

ALBERT

En faisant ce que peut faire un héros.

Mère Téné

Cela veut dire que tu dois donner ta pièce de monnaie, veux-tu donner ta pièce de monnaie ?

ALBERT

Si je pourrai sauver plusieurs pièces de monnaies, je donnerai la mienne.

Mère Téné

Pourquoi ne veux-tu pas garder la tienne ?

ALBERT

Je crois qu'elle se perdra tôt ou tard.

Mère Téné

Pour quoi ne donc pas attendre tard ?

ALBERT

Peut-être parce que le temps n'attends jamais.

Mère Téné

(Un ton larmoyant)

Tu es désormais un homme accompli, je suis persuadé que tu n'auras plus besoin de moi pour te guider comme je le faisais quand tu étais enfant.

ALBERT

Je suis tellement content de ce que tu viens de me dire. Certes, je suis pour toi un homme accompli, mais tes conseils et tes paroles sages ne me suffiront jamais, je prie à ce que chaque jour le ciel te comble de sagesse pour que tu me ravitailles d'avantage.

Mère Téné

Je suis très touché par tes paroles, s'il ne s'agit que de moi, je vivrai plus longtemps rien que pour toi, ton bonheur, et également voir de mes propres yeux mes petits fils du plus grand jusqu'au petit.

ALBERT

Tu les verras de tes propres yeux de l'ainé au benjamin si plait à Dieu

Mère Téné

Ça c'est sûr ! La nuit s'approche si vite ce dernier temps, c'est quoi ça encore ?

ALBERT

C'est normal, nous tendons vers les récoltes, c'est le solstice d'hiver.

Mère Téné

Ah ! J'oubliais, nous tendons vers le mois des récoltes bien sûr, malheureusement il ne nous reste plus grand-chose pour parler des récoltes.

SCENE 3

Ce fut un nouveau jour, le jour du marché de BALIDA, le soleil se leva comme à l'accoutumé et les villageois reprirent leurs activités comme d'habitude, on voyait des chariots chargés de pailles conduisent par des bœufs et des femmes qui emportaient sur elles leurs marchandises pour se rendre au marché.

ALBERT sort devant la route et regarde les villageois qui passent, sur le point de rentrer dans la cour, un homme l'appela d'une voix forte et très rauque.

BASILE

ALBERT ! C'est moi BASILE, tu te souviens de moi j'espère. Comment vas-tu mon frère ? Ça fait longtemps qu'on ne s'est pas revu.

ALBERT

Oh ! Mon frère, je suis très heureux de te revoir, ça fait vraiment longtemps, je ne vais pas très bien, mais ce n'est pas grave et toi ?

BASILE

Je vais aussi bien, tu n'es pas si loin que je le croyais.

ALBERT

Apparemment non, c'est bien ici que j'habite, tu es de passage ?

BASILE

Evidemment que je passais et je t'ai aperçu, dis-moi donc, comment s'est passé tes séjours ici ?

ALBERT

Pas très bons, mais acceptable, rien ne va plus bien dans ce village comme je l'ai constaté à mon arrivé depuis la forêt ATANGA, et comme par hasard je suis arrivé au bon milieu d'un conflit qui n'a pas une moindre explication.

BASILE

Je le savais depuis notre première rencontre, mais je n'avais pas eu le courage de te le dire pour ne pas gâcher ton arrivé, et moins encore courir le risque de découvrir de ta bouche que le défunt agriculteur était l'un de ta famille.

ALBERT

Tu as eu raison de ne pas me tenir au courant, le peuple du riz et du lait est en cavale, ils se persécutent rien qu'à cause de la maladresse d'un taureau et le trépas de deux hommes qui pour eux ne sont pas à oublier et dont-il faut absolument se venger les uns sur les autres.

BASILE

Nous aussi peuple de GOLA étions sur le point de nous mêler dans ce baliverne.

ALBERT

Qu'est ce qui vous a retenu dans ce cas ?

BASILE

Le chef de notre village.

ALBERT

J'admire la bravoure de votre chef, il s'est montré ferme et mature devant une telle situation, et normalement c'est ce dont avait aussi besoin le peuple de BALIDA, l'humilité, rien que l'humilité du peuple pour régler en un rien du temps certains problèmes qui n'auraient pas dus s'aggraver, mais à cause d'un chef et tout un peuple aux idées baroques, le climat de tout un village a changé et parait même invivable.

BASILE

Tu as tort d'applaudir l'humilité de notre chef, je qualifie cette humilité de lâcheté parce que à cause de lui, les champs des villageois de BALIDA étaient brûlés, et si seulement il s'était montré agressif et colérique, nous tous réunis allaient mettre en débandade les éleveurs.

ALBERT

Ce que tu es entrain de dire, je n'espérais pas l'entendre venant de toi, votre envie de vouloir participé à la destruction de vos semblables n'a aucune importance et cela aura des répercutions sur la génération qui suivra dans les jours à venir.

BASILE

De quelles répercutions parles-tu? A mon avis, j'en doute formellement et je suis catégorique sur mes paroles car notre envie n'était pas seulement d'attaquer, mais d'exterminer la communauté adverse de toute évidence. Hélas ! Cela n'a pas eu lieu et je rends grâce au ciel sinon c'aurait été un génocide.

ALBERT

Vous n'avez aucune idée du plan que vous avez omis en tête, vous agriculteurs de GOLA et de BALIDA êtes des frères et ça tout le monde le sait, je tiens également à te rappeler que les éleveurs font partis du village BALIDA depuis très longtemps, si aujourd'hui les villageois de BALIDA sont reconnus comme un peuple prospère, c'est d'une part grâce aux éleveurs, donc, il est inadmissible à ce que en cas de conflit les agriculteurs des villages voisins s'unissent à ceux de BALIDA pour chasser les éleveurs. Je ne suis pas du tout d'accord, on parlera de BALIDA seulement que quand les éleveurs rentreront. Mon sérieux problème ne vient pas des deux camps, mais de la police qui, depuis tout ce temps n'a fait qu'occuper une grande partie de notre terre pour s'y installer et ne rien faire. A ce fait, à quoi vaut la présence de cette police dans notre région ? Volontairement, je veillerai à ce qu'après le calme, toute la contrée riposte à ce groupe de policiers, et si l'opinion nationale s'y oppose, nous demanderons à ce qu'un nouveau commissaire soit mis à la tête de ce commissariat. Au cas contraire, les mauvaises choses se verront ce jour et nous ne serons pas les seuls perdants, l'injustice n'a pas le droit de s'imposer face à la vérité.

BASILE

Je t'ai bien compris à ces propos et je tiens à m'expliquer au nom des habitants de GOLA que nous regrettons sincèrement notre plan puisque nous ne l'avons pas exécuté, mais ce qui nous tiens à cœur, nous ne voulons pas à ce que les villageois de BALIDA nous prennent pour leurs ennemis, nous n'avons fait que obéir aux ordres de notre chef qui pour toi est un homme humble par son silence, tout comme nous, ils se sont également lancés à la poursuite de leurs adversaires par les ordres qui leurs sont imposés par leur souverain.

ALBERT

Tu n'as pas à t'expliquer ni à être désolé au nom de ton peuple, votre inaction est la plus sage des choses que vous ne le croyez, vous avez bien fait d'obéir à votre chef sinon à l'heure où nous parlons, on entendra dans tous les coins du monde qu'un génocide s'est passé à BALIDA, et il n'ya pas plus horrible crime qu'un génocide, je peux te le jurer.

BASILE

Exactement, c'est un acte inhumain.

ALBERT

Je suis sûr d'une chose, nous sommes des êtres très sensible pour commettre un tel acte, tout ce qui nous arrive est dû à une mésentente.

BASILE

Pas trop vite, tu ne connais pas le chef BEN HALIL et ni sa soif de conquête.

ALBERT

C'est qui encore BEN HALIL ? Je n'ai jamais entendu parler de lui.

BASILE

Je m'en doutais, tu n'as donc aucune idée de qui est BEN HALIL ? Tout le monde connaît cet individu au cœur malveillant près à tout détruire pour son intérêt.

ALBERT

Tu m'as bien entendu, je n'ai jamais entendu parler de ce BEN HALIL.

BASILE

C'est lui le chef de la communauté des éleveurs, sans oublié son talent de redoutable archer.

ALBERT

Mais en quoi son talent de redoutable archer me concerne ? Et parlant de sa soif de pouvoir, qu'as-tu à me dire à son propos ?

BASILE

C'est un homme assoiffé de pouvoir, capable de prendre ce qui ne lui appartient pas avec la force.

ALBERT

Ça tout le monde peux le faire.

BASILE

Tout le monde tu dis ?

ALBERT

Oui, tout le monde y compris les femmes si tu veux une précision.

BASILE

C'est à revoir ce que tu dis, BEN HALIL est crains par tous ses confrères, il n'a rien d'un gentil pour ceux qui le connaissent mieux que moi.

ALBERT

Il ne me fera pas peur je te l'assure, j'ai affronté pire que lui jadis.

BASILE

Je ne suis pas entrain de t'effrayer, mais pour l'affronter, tu devras être plus malin que lui et savoir où mettre les pieds.

ALBERT

Toujours les mêmes paroles, ma mère n'arrête pas de me le dire ; je dois être malin, ça je le sais et je le suis déjà.

BASILE

Je ne mets pas en cause ta capacité, tu as beau étudié pendant des années, c'est déjà un privilège pour toi.

ALBERT

On peut dire comme ça, c'est un privilège, espérons que l'adversaire ne fera pas bonne impression sinon comme l'a dit le commissaire : deux esprits de nature opposée n'arrivent jamais à une fin cohérente.

BASILE

Je ne comprends pas le sens de ce que tu viens de dire, c'est un proverbe ou une citation ?

ALBERT

Personnellement, je dirai que le commissaire avait l'air d'un devin, peut-être c'est une devinette, qui sait.

BASILE

Sans blague ! Les devinettes ne sont pas comme ça, elles sont dites pour deviner et non à construire une phrase française.

Les deux se mirent à rire.

SCENE 4

Le jour précédent, Mère Téné sort de sa case et aperçoit sa fille devant la porte à coté d'un garçon, celle-ci s'approche en marchant sur ses gardes et interrompe leur discussion.

Mère Téné

(À Aurélie)

He ! AURELIE ! Je t'ai toujours dis, le véritable homme ne se pointe jamais à la porte pour appeler sa petite amie, un bon copain vient toujours dans la cour et s'assoit régulièrement comme un étranger. Je te veux tout de suite à la cuisine.

Mère Téné

(À Halil)

He ! Jeune homme ! N'est-ce pas toi le fils de BEN HALIL le méchant ? Que fais-tu ici ?

HALIL

Je suis venu vous rendre visite maman.

Mère Téné

Rendre visite à qui ? À moi ? Attends à ce que j'apporte mon bâton.

HALIL

Non, c'est bon je vais m'en aller, mais permettez moi de rencontrer votre fils, j'ai une information très importante à lui dire, ça ne doit pas attendre.

Mère Téné

Ne m'amuse pas ! Je ne suis pas de bonne humeur, je risque de crier au secours et tu te feras prendre par les villageois.

HALIL

Non, ne faites pas ça. J'ai une information à livrer de toute urgence, c'est à propos de mon père, il envisage attaquer les villageois qui sont à la frontière à l'heure où nous parlons, j'ai dû me précipiter à l'aube pour venir jusqu'ici pour vous informer. J'ai fais tout un contournement avant de venir ici, je veux absolument le voir, l'armé de mon père est le triple de ceux qui sont à la frontière et ce sont tous des archers.

Mère Téné

(Elle pose ses bras sur sa tête)

Eh ! C'est quoi ça encore ! On ne peut pas vivre en paix chez soi-même ?

HALIL

Mon père ne connaît pas cette paix, tout ce qui l'intéresse c'est la gloire et la royauté.

Mère Téné

Mais toi, pourquoi es-tu venu nous informer ? C'est surement une magouille de la part de ton père. Un proverbe de chez moi dit : « La descendance d'une hyène a toujours les mêmes idées ».

HALIL

Ce n'est pas l'objet de ma visite, je n'ai pas de temps à perdre, je m'en vais, informe ton fils de se mettre en route.

Mère Téné

Attends mon garçon ! Je ne faisais que suivre la tendance de la vieillesse. Attend à ce que je l'appelle et tu sauras mieux l'expliquer parce que je ne comprends plus rien de tout cela.

HALIL

J'ai perdu assez de temps, j'ai risqué ma vie en venant ici et je risque encore plus en restant ici.

SCENE 5

Mère Téné rentre en courant comme jamais vu auparavant et frappe la porte sur son fils en criant et ce dernier se réveille et sort de sa case.

Mère Téné

Mon fils ! Mon fils ! L'heure est grave, nous venons de recevoir un message de la part du fils de BEN HALIL le méchant qui dit …

ALBERT

Qui dit quoi ? Qui a apporté le message ?

Mère Téné

Il vient tout de suite de partir, le fils lui-même et il dit…

ALBERT

Reprend ton souffle et parle-moi, il dit quoi ?

Mère Téné

Il dit que son père est en route vers la frontière pour attaquer nos hommes.

ALBERT

Ce n'est pas vrai ! Pourquoi donc?

Mère Téné

Je n'ai pas eu le temps de lui demander, tu dois partir d'ici je t'en prie.

ALBERT

Ne t'inquiète pas, ce n'est rien de grave. Je vais m'apprêter à partir.

Mère Téné

C'est ce qu'il a dit aussi, tu dois partir informer nos hommes.

Le fils du chef fait son entrée en courant et demande.

SIMMEL

Y'a quoi ici ? J'ai vu le fils de BEN HALIL s'en aller à cheval, il est venu faire quoi ici?

ALBERT

Je dois partir d'ici par tous les moyens.

SIMMEL

Partir où ? Je vais t'accompagner.

ALBERT

Ne perdons pas de temps, ce dit BEN HALIL est en route vers la frontière.

SIMMEL

En route vers la frontière pour faire quoi ?

ALBERT

La guerre je te dis, la guerre sans cesse.

SIMMEL

Après nos champs brûlés, il nous envahit ?

ALBERT

C'est ce que je me demande, je n'ai jamais vu une telle soif de conquête.

SIMMEL

Aujourd'hui sera son déclin et on en parlera plus jamais.

## CINQUIEME TABLEAU

### SCENE 1

En route vers la frontière, BEN HALIL s'adresse à ses compatriotes : Nous sommes un peuple redoutable, nous n'avons pas besoin de la solidarité ni de l'aide des autres pour être reconnus comme les plus forts, chacun de nous ici présent doit se mettre en tête que la vie signifie l'intérêt de soi et le bonheur ses exploits. Car seuls les vaillants vivent heureux, oui, seuls les vaillants ne pleurnichent pour avoir la grâce de qui que ça soit. Vous tous, vous conviendriez avec moi qu'il faut arracher à un naïve ce qui lui appartient de plus chère pour le rendre aussi terrifiant que nous, notre objectif n'est pas d'appauvrir nos semblables, mais de les rendre compétitifs avec l'idée de conquête à ce qu'ils deviennent des hommes comme nous le sommes aujourd'hui grâce à nos idées baroques d'agir avant de réfléchir et d'attaquer avant de s'en rendre compte. Oui, nous faisons le contraire des choses et nous en sommes bel et bien conscients. Que personne ne laisse sortir de sa bouche qu'il regrette ses actes, mais se dit plutôt que la vie c'est vivre ou mourir. Certes, tout le monde peut vivre sans conquérir, mais nous, nous ne voulons pas et n'accepterons jamais de vivre sous le poids de la pauvreté, ça jamais ! Que l'on rassemble tous les braves hommes par devant, les autres n'ont qu'à suivre leurs démarches, garde à celui qui tombera le premier, car celui-ci n'aura pas droit à des obsèques. Ecoutez ! Les soldats qui tombent en premiers découragent les autres et leurs donnent de la peur, moi, je veux des rageux, et on qualifiera de martyre seulement ceux qui tomberont à la dernière minute. J'ai la certitude que je me suis bien fais comprendre et que personne ne reculera, si y a des personnes qui ont toujours l'intention de vivre encore, je le signal à haute voix que nous partons pour obtenir ce que nous voulons. Au cas échéant, nous n'auront qu'un seul plan, celui de mourir pour éviter la honte, j'en ai ainsi fini, que tout le monde marche comme un seul peuple et crie victoire !

Victoire ! victoire ! victoire ! victoire !

### SCENE 2

Il s'arrête et demande.

BEN HALIL

Tous les hommes sont présents sauf mon fils, quelqu'un peut me dire où il est passé ?

Un silence de cinq minutes.

BEN HALIL

D'accord, personne ne veut me dire où est passé mon fils n'est-ce pas ?

Un deuxième silence de deux minutes.

BEN HALIL

(Il appelle KAZAR)

KAZAR ! KAZAR ! Où est-il ce garçon ?

KAZAR

Je suis là mon chef, vous me cherchez ?

BEN HALIL

Tu oses me poser une question ?

KAZAR

Je suis désolé mon chef.

BEN HALIL

Où est passé mon fils ?

KAZAR

Je ne l'ai pas vu depuis le levé du soleil.

BEN HALIL

Que l'on m'apporte un sabre !

KAZAR

Non, pas ça ! Je sais où il parti ?

BEN HALIL

Je le savais, parles donc !

KAZAR

Il a pris un cheval, c'est tout ce que je sais.

BEN HALIL

Non, ce n'est pas tout, tu le couvre bien, mais tu ne sais pas mentir. Que l'on m'apporte mon sabre !

KAZAR

Je sais, je sais, il est parti à BALIDA.

BEN HALIL

À BALIDA ? Pour faire quoi ? Tu as intérêt à répondre au cas contraire je te décapiterai.

KAZAR

Il a toujours été contre tes plans. A ton avis, qu'est ce qu'il ira bien faire là-bas ?

BEN HALIL

Je te rappelle qu'on ne me pose pas de question sauf si ta vie ne t'intéresse plus.

KAZAR

Eh bien ! J'en ai marre, de toutes les façons tu nous mettras tous en danger, tu n'es qu'un monstre.

BEN HALIL

Un monstre, il dit que je suis un monstre. Oui, je suis un monstre.

Il tire de son manteau un couteau tranchant qu'il enfonce dans le cœur du jeune homme et celui-ci tombe.

BEN HALIL

Voilà un mort ! C'est ce que vous voulez, toujours un exemple avant que vous compreniez qu'il ne s'agit pas d'affaire de famille, mais du futur chef de cette communauté. Mon fils à oser me trahir, c'est une pire trahison que je n'oublierai jamais, je le chercherai et je le retrouverai. Que l'on avance !

## SIXIEME TABLEAU

### SCENE 1

ALBERT

Nous sommes à moins d'un kilomètre, on les a devancés.

SIMMEL

Apparemment oui.

ALBERT

Alors, tu en dis quoi ?

ALBERT

J'ai compris tout à l'heure ce que tu pourras faire pour ce village, même mourir pour instaurer la paix aux autres, je tiens à te dire que notre village a la chance de t'avoir comme fils digne d'un vaillant guerrier. J'irai là où tu iras, et s'il le faut nous mourrons ensemble pour le bien des nôtres.

ALBERT

Tu n'es plus obliger à me suivre pour cette fois. Tu es à présent libre de rentrer, tu as été courageux à me suivre jusqu'au commissariat, mais le chemin que je m'apprête à prendre n'est pas une bonne voie pour toi, tu as le droit de vivre parce que tu es jeune et tout le village aura besoin de toi contrairement à moi, je ne suis pas habitué avec mes frères d'ici et très peu me connaissent, je ne manquerai pas trop aux villageois de BALIDA. Ecoute-moi bien, je m'en vais arrêter une guerre qui n'a pas sa place entre les deux camps de BALIDA, si tu m'accompagne, ça serait deux têtes misent en jeu et c'est trop.

SIMMEL

(Les larmes aux yeux)

Je n'ai jamais vu un homme comme toi, capable de surmonter sa peur et d'avancer vers le chemin de la mort tout en écartant ceux qui lui sont chères.

ALBERT

Avant de rentrer, retient ceci : Un homme, c'est celui qui se bat pour sa famille, son peuple et tout ce qui bouge. Va et soit un homme.

SCENE 2

ALBERT arrive et trouve les deux camps en position de guerre, les éleveurs disposés d'un coté et les agriculteurs de l'autre coté. Il se met au milieu d'eux et s'adresse aux deux camps d'une voix très forte.

ALBERT

Vous êtes sensés être le peuple le plus heureux de la terre grâce à vos richesses qui sont le riz, la viande et le lait. Car vous ne dépendez de personne, vous vivez de vos propres grés, mais vous vous faites connaitre aux yeux du monde comme un peuple sauvage par vos idéaux, je le répète encore, un peuple sauvage qui ne rêve que du malheur de ses semblables en usant des mauvaises manières qui sont la guerre, les crimes, les voles. A votre avis, quand est-ce que cette guerre cessera ? Quand est-ce que vos crimes et vols cesseront ? Lorsque qu'une communauté dominera l'autre ? Ou lorsqu'une communauté disparaitra pour définitive ? Vous représentez une honte pour certains agriculteurs et éleveurs des autres nations parce que eux, ils vivent en paix, ils mangent ensemble et cohabitent ensemble, mais vous, à l'heure où les autres se serrent les mains et travaillent les bras dans les bras, vous vous êtes disposés de deux cotés près à vous entretuez. Quand est-ce que ce mal s'en ira de vos cœurs ? Lorsqu'il y aura des centaines de morts ?

Les deux camps restent stupéfaits et somnolent debout en entendant le jeune héros dénoncer de toutes ses forces le mal qu'ils se font.

Le chef des éleveurs BEN HALIL très furieux et sans tarder, tire de toutes ses forces une flèche empoisonné qui très vite se retrouve dans la poitrine du jeune héros, celui-ci tombe et saigne par les narines, il ouvre sa bouche et dit son dernier mot à ses frères qui l'entourent : Je suis et je resterai un symbole de paix pour le peuple du riz et du lait, que personne d'entre vous ne lève la main sur son semblable et que ma mort soit la dernière mort causée par un être dans toutes les contrées où vivent les éleveurs et les agriculteurs. Quand vous rentrerez, faites moi le plaisir en disant à ma mère que je ne suis pas mort par hasard, dites aussi à ma mère que je suis désolé de l'avoir privé de ses petits enfants.

L'héros ferma ses yeux pour dire au revoir à ses frères. Les agriculteurs épris de choc et de haine veulent déclencher la guerre, mais à leur grande surprise, une autre flèche empoisonnée survient de nul part et se retrouve au ventre du chef BEN HALIL, ce dernier s'écroule à son tour et on voit HALIL à cheval s'approcher et se pointe au chevet de son père et lui dit : N'est-ce pas celui qui tue par l'épée meurt par l'épée ? Tu as tué par une flèche te voilà à terre par une flèche, tu as également tué mon ami d'enfance par un sabre, heureusement pour toi que je n'ai pas un sabre à ma portée. Va en enfer, tu ne nous manqueras pas. Ton règne fut pour notre communauté un cauchemar que seul ta lignée peut l'effacé et je l'ai fais, moi ton seul fils. Adieu chef !

HALIL ordonne à ses frères de déposer leurs arcs et de lever les bras et ces derniers obéissent aussitôt.

HALIL

(Aux agriculteurs)

Nous, communauté des éleveurs annonçons avec regret tout le mal que avait fait notre défunt chef et demandons la paix à vous nos frères agriculteurs. Notre chef a eu ce que sa soif de conquête lui réservait depuis longtemps, sa mort est une merveille pour nos deux camps et la mort de votre frère un symbole pour la paix, votre fils restera graver à jamais dans le cœur de tout un chacun de nous et la mort de mon père un mauvais exemple pour tous les anarchistes.

Les deux camps retrouvèrent leurs amis de longue date et se serrèrent les mains à nouveau.

## SCENE 3

Trois jours après la mort d'Albert, dans la matinée au domicile familiale du défunt, Mère Téné consolée plusieurs fois par les villageois de BALIDA retrouve enfin le sourire. Assit sous le manguier en compagnie de son époux entrain d'écouter la radio.

RADIO

Bienvenus chers auditeurs et auditrices à l'écoute de l'émission la voix du sud. Comme le dit une célèbre citation : « On ne cache jamais le soleil d'une seule main ». Enfin dévoiler le conflit entre agriculteurs et éleveurs de la région de BALIDA. Cachée pendant des mois par le commissaire du dit département, l'affaire s'éclate à nouveau par trois nouveaux assassinats dont l'un est le chef de la communauté des éleveurs qui par sa soif de conquête a conduit sa communauté à une guerre qui heureusement n'a pas vu le jour par la bravoure d'un jeune homme âgé de 24 ans. Selon nos agents sur les lieux, le chef des éleveurs nommé BEN HALIL est un ami du commissaire, et avec la complicité de ce dernier, les champs des villageois de BALIDA étaient brulés laissant ainsi ces villageois croupir au seuil de la pauvreté. Par le décret du ministère de la sécurité national et la signature du procureur, l'affaire BALIDA est tranché et le commissaire du département de BALIDA est suspendu de ses fonctions à compter d'aujourd'hui jusqu'à un délai indéterminé.

Printed by Books on Demand GmbH, Norderstedt / Germany